# LE SERGENT FRICASSE

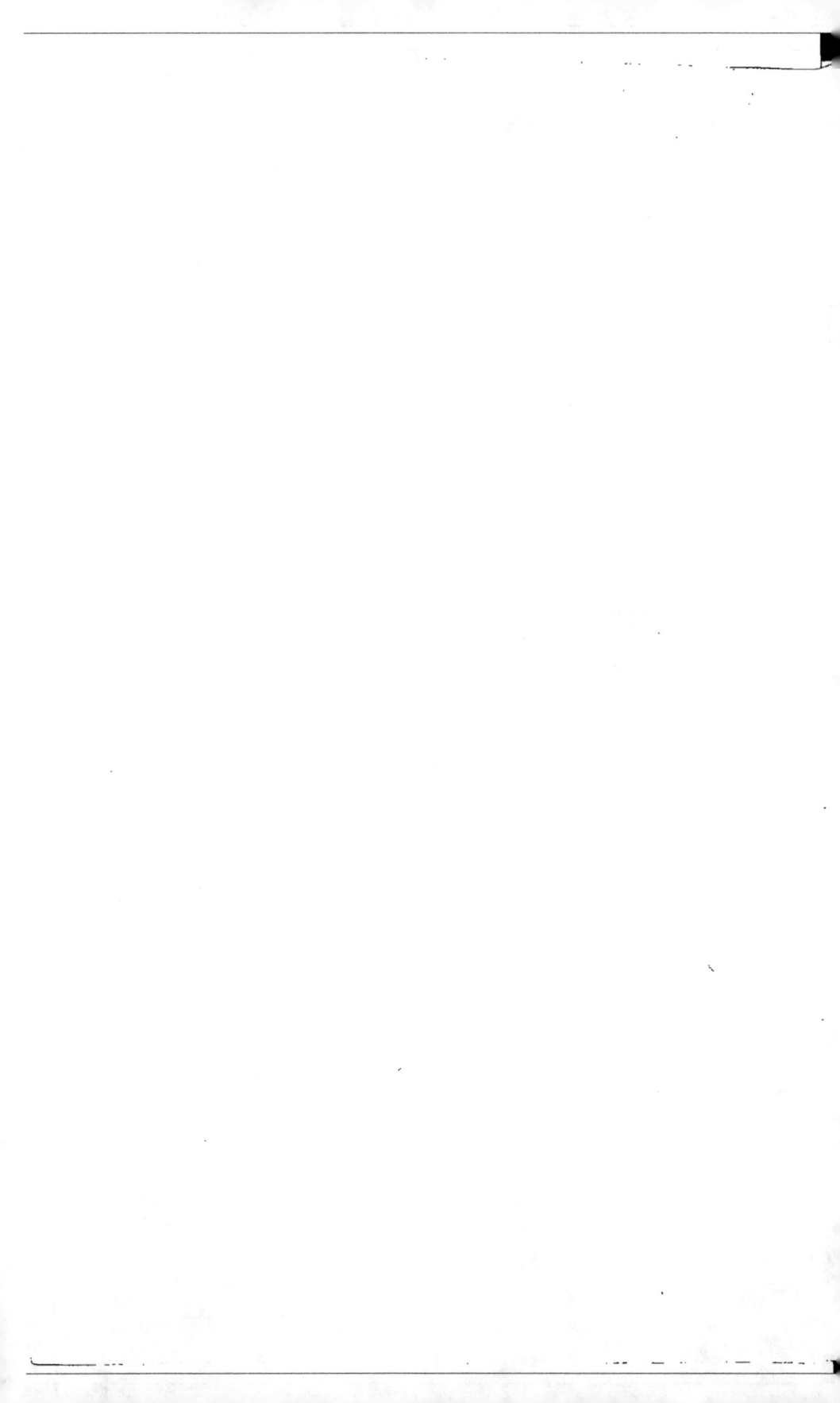

# LE SERGENT

# FRICASSE

D'après le manuscrit publié par M. LORÉDAN LARCHEY

LECTURE FAITE AU THÉATRE DE COMPIÈGNE

Le 4 Juin 1882,

Par M. JULES TROUBAT

## COMPIÈGNE

IMPRIMERIE A. MENNECIER ET Cⁱᵃ

17, Rue des Petites-Ecuries, 17

MDCCCLXXXII

# A MON AMI CHARLES MONSELET

dont la lèvre de poète a porté la note fine et gaie
dans cette matinée littéraire. Compiègne l'a
disputé ce jour-là à l'Académie, qui va chercher
bien loin ce qu'elle a à sa porte, sur le quai
Voltaire. Nul n'incarne plus en lui, à l'heure
qu'il est, cet esprit littéraire qui s'en va et qui
était l'essence même de la littérature dans le
temps passé. C'est un gourmet affamé de littérature et qui a soif, comme Rabelais, des choses
de l'esprit. On l'a pris longtemps pour un *petit
abbé :* M. Duruy, faisant ses objections au sujet
de Monselet pour qui on lui demandait la croix —
et qui, d'ailleurs, ne la fit pas longtemps attendre
— disait : « Le ministre de l'instruction publique
est *collet monté ;* ce n'est pas un *petit abbé...* »
M. Duruy, homme d'esprit, partageait l'erreur
commune au sujet des auteurs, qui fait qu'on les
prend trop pour leurs œuvres. De ce que Monselet
avait écrit *M. de Cupidon,* on le prenait pour
M. de Cupidon lui-même. Il ne s'en défendait
pas trop. Il tient du xviiie siècle autant que du
nôtre, et il ne se pardonnerait pas de n'être que

2

romantique, s'il ignorait la tradition classique. Mais il est bien *lui* dans ses productions tendres ou légères, qui cachent un fond de sensibilité et d'expérience parfois cruelle des choses de la vie. On n'est pas un observateur à la Térence, avec toutes les indulgences humaines et aussi ce sourire critique et doucement railleur, sans avoir éprouvé sur soi-même de quoi il retourne, et senti le fer dans la plaie.

Je m'en voulais d'avoir retardé le plaisir d'un public d'élite, accouru pour l'entendre le dimanche 4 juin, et je répare aujourd'hui de mon mieux ce que la parole a eu ensuite d'impuissant en moi à ce banquet, dont on avait oublié l'heure en l'écoutant, et où il s'est montré de nouveau, au dessert, l'homme d'esprit et de bonne grâce qu'il est dans ses livres.

J. T.

Compiègne, 11 Juin 1882.

# LE SERGENT FRICASSE<sup>(*)</sup>

───────

I

. . . . . . . . . . . . . . . . . . . .

> Ils eussent, sans nul doute, escaladé les nues,
> Si ces audacieux,
> En retournant les yeux dans leur course olympique,
> Avaient vu derrière eux la grande République
> Montrant du doigt les cieux !

Ces beaux vers des *Châtiments*, que nous savions
par cœur à dix-huit ans, nous revenaient à la mémoire
en lisant une nouvelle pièce de conviction, apportée à
l'appui de la grande épopée républicaine par M. Lorédan Larchey, le savant bibliothécaire de l'Arsenal. Ce
spirituel érudit, si originalement doué, qui a doté
l'histoire, la littérature et l'art de tant de particularités
curieuses, — à qui dernièrement encore notre langue

(*) *Journal de marche du sergent Fricasse de la 127ᵉ demi-
brigade, 1792–1802...*, publié pour la première fois par
Lorédan Larchey, d'après le manuscrit original. Un volume
gr. in-18, Paris, aux frais de l'éditeur, 1882.

était redevable d'un *Dictionnaire des Noms,* — vient d'enrichir cette fois l'histoire de la Révolution d'un nouveau nom propre. Ce nom, Messieurs, manque de noblesse, et il semble, à première vue, qu'on ait affaire à une œuvre d'imagination. M. Lorédan Larchey ne pouvait rien changer au titre de son livre ni au nom de son héros : il a publié le *Journal de marche du sergent Fricasse,* tel qu'il le tient d'un ami ; il se serait bien gardé d'y mettre du sien ; et il va au-devant du sourire, dans une très belle Introduction, où il montre qu'il n'a pas seulement cédé à un simple attrait de curiosité, à un pur plaisir d'érudit, en publiant ce carnet, parfaitement authentique, d'un volontaire de 92 :

« Fricasse !... dit-il.

« Comique est le nom, mais sérieuse est l'œuvre, car elle se recommande par une sincérité rare. Et la sincérité est beaucoup à cette époque tourmentée de la première République où chaque écrivain se passionne en prenant parti pour ou contre l'ère nouvelle. Eloge enthousiaste ou réquisitoire indigné, il n'y a guère de milieu.

« Le document, publié ici pour la première fois, présente du moins le mérite de ne connaître d'autre guerre que celle de l'extérieur, d'autres ennemis que ceux de la patrie... Il s'en dégage au plus haut degré l'expression de cette foi républicaine qui n'est pas encore admise sans réserve. Pour les besoins de certaines causes, on a contradictoirement exalté et ravalé les volontaires de notre première République. On verra que leur force morale fut à la hauteur de leurs souffrances, sinon de leur discipline. C'est déjà un point important acquis au débat qui n'est pas encore terminé, mais qui, pour l'honneur de nos armes, ne perd point à être approfondi... »

Ce n'est pas seulement la cause des armées, c'est

celle de la Révolution elle-même qu'on a mise en question de nos jours. Il s'est trouvé une école qui en a rabattu tant qu'elle a pu de la grande tradition nationale. M. Camille Rousset et M. Taine, dans l'application de la critique à la Révolution, ont accompli cette œuvre de réaction, le premier en montrant les jeunes armées de la République aux prises avec toutes les difficultés que personne n'avait niées jusqu'ici, le second en cherchant des causes d'un ordre tout-à-fait secondaire et inférieur à ce grand mouvement à la fois destructeur et réparateur qui a fait table rase de l'ancien régime.

M. Taine, cherchant dans des pamphlets réactionnaires l'histoire des origines des temps modernes, a suivi la même voie que cet auteur du *Panthéon révolutionnaire démoli,* qui, demandant au Cabinet des Estampes de la Bibliothèque nationale des portraits authentiques des hommes de la Révolution, ne les trouvait jamais assez laids.

Nous voulons bien admettre que la Révolution est l'œuvre des passions humaines, mais nous ne voyons pas qu'elle diffère en cela d'aucun autre phénomène social et terrestre. Nous faisons la part des antipathies de races, nous les comprenons, mais nous qui ne sommes pas fils ou petits-fils d'émigrés, tant s'en faut, nous n'avons aucun intérêt à renier l'œuvre et l'héritage de nos parents, — de nos grands parents si l'on veut, à l'âge et à la distance où nous sommes déjà de 89 et de 92.

Cet héritage, souvent menacé et contesté depuis, est resté debout et intact, en dépit de toutes les tentatives contraires. La France a pu reculer sur certains points, mais rien encore n'a pu entamer les principes de 89.

Nous ne venons pas faire ici l'apologie systématique
de 93 : il y a de terribles moments à passer dans
l'histoire, et celui-là n'a pas été le premier ni l'unique :
quand on regarde en arrière dans notre histoire de
France, on voit que c'est une série de convulsions qui
continue et se renouvelle pendant des siècles sous
toutes les formes et sous tous les prétextes, religieux,
civil ou militaire. La Révolution a accumulé tous les
orages : elle a fondé, au milieu de l'ébranlement uni-
versel, de nouveaux pouvoirs civils, et qui durent encore, puisque la plupart de nos institutions ont leur
origine dans les pouvoirs révolutionnaires de l'époque.
Ceux qui traitent la Révolution en insurrection, et qui
ne peuvent se décider encore à en reconnaître la *léga-
lité*, devraient bien méditer ces paroles du sage Bailly,
transmises par le comte Beugnot, détenu comme lui
à la Conciergerie pendant la Terreur. « Cet excellent
homme de bien, raconte un écrivain qui a le jacobinisme en horreur, Sainte-Beuve, dissimula jusqu'au
dernier jour à ses compagnons de prison l'issue trop
certaine de son jugement au tribunal révolutionnaire ;
ce ne fut que la veille de la condamnation qu'il laissa
échapper devant eux quelque chose de ses pensées. —
« Comment ! lui dit M. Beugnot ; mais hier encore,
mais tous les jours, vous avez paru tranquille sur la
tournure que prenaient les débats et sur la disposition
du tribunal : vous nous trompiez donc ? » — « Non,
répondit Bailly ; mais je vous ai donné l'exemple de
ne jamais désespérer des lois de votre pays. » Il donnait de plus le bien rare exemple, lui, victime de la
Révolution, de ne pas la calomnier. « L'orage qui
gronde en ce moment, disait-il, ne prouve rien sans
doute, et fera tomber bien des feuilles de la forêt ; il
arrachera même quelques arbres ; mais il emportera

aussi de vieilles immondices, et le sol épuré peut donner des fruits inconnus jusqu'ici. »

Voilà ce qui s'appelle, en effet, ne pas *désespérer des lois de son pays*, comme parlait ce sage, ce philosophe, ce savant qui lisait dans tous les mondes physiques et cosmopolites aussi bien que dans les destinées humaines et sociales de notre nation.

Au surplus, dans quelque sens qu'on tourne et retourne sans cesse les pièces du procès révolutionnaire, éternellement remis et soumis à révision par les derniers venus, les nouveaux arrivants, nous croyons qu'on ne changera rien aux grandes lignes qu'en ont tracées ceux qui avaient reçu la tradition directe. On n'effacera pas ce qu'avait écrit M. Thiers, qui n'est pas le plus avancé des historiens de la Révolution, mais qui y a apporté l'un des premiers la lumière et remis les choses en place. Il a mérité qu'on dît de lui dès 1826, en pleine Restauration, dans le *Globe :*

« Jusqu'à présent, aucun historien n'avait, aussi bien que M. Thiers, analysé cette masse confuse de faits, si effrayants à tous égards ; il y pénètre, sans être arrêté par l'horreur ; car son esprit est libre de préoccupation et pur de souvenirs. Pour la première fois, nous nous voyons transportés avec lui sur cette terrible Montagne, qui ne nous avait jamais apparu qu'à distance, environnée de tonnerre et d'éclairs ; nous en montons tous les degrés, nous l'explorons comme un volcan éteint ; et, il faut en convenir, bien qu'effrayés nous-mêmes de cette hauteur inaccoutumée, nous comprenons enfin qu'on a pu voir de là les choses sous un aspect tout particulier, et les juger autrement que d'en bas. Sans absoudre les coupables, nous en venons à les expliquer... »

C'était là la première étape, celle qui ouvre la voie

et toujours la plus difficile à frayer. C'était faire œuvre hardie et de pionnier, sous ce régime d'émigrés, d'oser s'aventurer, d'un pied ferme, sur la *crête sanglante de la Montagne* (le mot n'est pas de nous).

Aujourd'hui la Montagne est un terrain aplani et banal : il y a des parapets. On s'y promène comme sur une terrasse. On va voir jouer les hommes de 93.

Nous ne savons ce que penseraient ces hommes inflexibles, qui se piquaient plus de sensibilité dans la parole que dans l'action, s'ils voyaient la tête de fantaisie, chargée à dessein ou adoucie et arrangée *à la Dubufe,* que la postérité s'est plu à leur donner. Ils auraient probablement peine à s'y reconnaître, tellement la vérité historique est rarement conforme à l'idéal qu'on s'en fait.

C'est en cela que sont utiles les Mémoires, à ramener à l'exactitude des traits la vérité souvent défigurée à plaisir, quelquefois même à bonne intention.


## II


Le journal de Fricasse n'est pas un témoin défavorable.

M. Larchey, en éditeur impartial, se rattache à l'école de la vérité en histoire, et il commente les faits militaires en soldat ; car il l'a été et il est le fils du général Larchey. — Il est bien difficile de ne pas s'associer, tout d'abord, à son sentiment de patriote et de Lorrain alarmé, quand il dit dans son Introduction, pleine d'un sens élevé et de patriotisme, comparant ces temps héroïques de la Révolution avec le mal moral et les dangers du temps présent :

« Qu'une guerre survienne, ce n'est qu'un concert de cris

et de lamentations dans certains journaux, si les vivres n'arrivent pas à l'heure dite et si les malades manquent des premiers soins. Malheur très grand, sans doute, mais inévitable en campagne. Cependant c'est à qui les analysera de la façon la plus navrante pour donner de la couardise à toute une nation. J'ai lu en 1871 certains articles d'ambulanciers que je pourrais citer comme des modèles de ce genre antinational au premier chef. En temps de paix, il se manifeste sous une autre forme. Des mères de volontaires écrivent aux journaux pour se plaindre des corvées imposées à leurs fils ; certains volontaires eux-mêmes croient être des héros d'abnégation en livrant à la publicité le récit de leurs infortunes de caserne. Pendant l'automne de 1881, un journal n'a-t-il pas poussé la sensibilité jusqu'à s'attendrir sur la marche d'un régiment qui avait fait, *sous la pluie*, l'étape de Lagny à Courbevoie !... »

C'est à croire que M. de Bismarck a chez nous des collaborateurs inconscients !

M. Larchey oppose à ce tableau trop réel de nos misères présentes, tracé par lui-même, cette page extraite des Mémoires du maréchal Soult, et qui se rapporte à l'année 1794 :

« Les officiers donnaient l'exemple du dévouement. Le sac sur le dos, privés de solde (car ce fut plus tard seulement, et lorsque les assignats eurent perdu toute leur valeur, qu'ils reçurent en argent, ainsi que les généraux, huit francs par mois), ils prenaient part aux distributions comme les soldats et recevaient des magasins les effets d'habillement qui leur étaient indispensables. On leur donnait un bon pour toucher un habit ou une paire de bottes. Cependant aucun ne songeait à se plaindre de cette détresse, ni à détourner ses regards du service qui était la seule étude et l'unique sujet d'émulation. Dans tous les rangs, on montrait le même zèle, le même empressement à aller au-delà du devoir ; si l'un se distinguait, l'autre cherchait à le surpas-

ser par son courage, ses talents ; c'était le seul moyen de
parvenir ; la médiocrité ne trouvait point à se faire recom-
mander. Dans les états-majors, c'étaient des travaux inces-
sants embrassant toutes les branches du service, et encore
ils ne suffisaient pas ; on voulait prendre part à tout ce qui
se faisait. Je puis le dire, c'est l'époque de ma carrière
où j'ai le plus travaillé et où les chefs m'ont paru
le plus exigeants. Aussi quoiqu'ils n'aient pas tous
mérité d'être pris pour modèle, beaucoup d'officiers généraux, qui plus tard ont pu les surpasser, sont sortis de
leur école. Dans les rangs des soldats, c'était le même
dévouement, la même abnégation. Les conquérants de la
Hollande traversaient, par 17 degrés de froid, les fleuves et
les bras de mer gelés, et ils étaient presque nus : cependant
ils se trouvaient dans le pays le plus riche de l'Europe ; ils
avaient devant leurs yeux toutes les séductions, mais la
discipline ne souffrait pas la plus légère atteinte. Jamais les
armées n'ont été plus obéissantes, ni animées de plus d'ar-
deur ; c'est l'époque des guerres où il y a eu le plus de
vertu parmi les troupes. J'ai souvent vu les soldats refuser
avant le combat les distributions qu'on allait leur faire et
s'écrier : « Après la victoire on nous les donnera ! »

A moins d'avoir tout à fait perdu et renié sa qualité
de Français, on ne saurait être insensible à de pareils
témoignages qui, de tout temps, ont fait « l'honneur
de notre patrie au milieu de ses autres faiblesses et
défaillances. »

Morts sont Ogier et Charlemagne,

dit une vieille chanson du Moyen-Age.

« Non, ils ne sont pas morts, répond quelqu'un que nous
aimons à citer, et nous pouvons dire qu'ils n'y moururent
jamais. Ils reparurent du sein même de cette foule, du
milieu de ces laboureurs et de ces vilains foulés aux pieds ;

ils renaquirent comme des dents du dragon, ils se dressè-
rent tout armés, ils s'appelèrent Ney, Lannes, Murat... »

Ces preux-là en valent bien d'autres dont on se
vante de descendre. Ils ont créé des quartiers de
noblesse à la Révolution.

## III

Au Moyen-Age, ils s'étaient appelés Jeanne d'Arc.
Notre sergent Fricasse n'échappe pas à ce phénomène
de terroir. Champenois ou Lorrain, né dans la Haute-
Marne, il entend, lui aussi, à sa manière, des voix in-
térieures, qu'il interprète, sans mysticisme, dans un
langage naïf, bien voisin de celui de la Pucelle :

« Combien de fois j'avais entendu, par les papiers (les
*papiers publics*, les journaux), la nouvelle que notre armée
française avait été repoussée et battue partout ! je brûlais
d'impatience de voir par moi-même des choses qu'il m'était
impossible de croire. Vous direz que c'était l'innocence qui
me faisait penser ainsi, mais je me disais souvent en moi-
même : « Est-il donc possible que je n'entende dire que des
« malheurs ? »... Oui ! il me semblait que, si j'avais été
présent, le mal n'aurait pas été si grand... »

Ce sont là les premiers tressaillements du patriotisme, dus en effet à une puissance qu'on croirait in-
hérente au sol et dont on ne doit jamais désespérer sur
cette vieille terre de pierre à fusil. Ce nom de Fricasse
personnifie le peuple : il eût fait sourire un émigré ; il
se rattache, par ce *journal*, à l'histoire anecdotique
de ces temps héroïques, où l'abnégation et le sacrifice
n'eurent pas de limite. Le peuple montra, une fois de

plus, que l'idée de *patrie* était uniquement incarnée en lui, et soutint seul le choc des puissances coalisées, tandis que les mauvais Français se rendaient à Coblentz pour y conspirer contre leur pays. Le sentiment national ne se retrouve bien à toutes les époques que dans les classes voisines du sol, celles qui sont en contact direct avec la terre, — les *manants*, comme on les appelait sous l'ancien régime, — ceux qui n'ont jamais rompu le cordon ombilical par lequel nous tenons aux entrailles mêmes de la mère-patrie. Ces *Marches*, en particulier, bien françaises, dont parle Michelet, moitié Champagne, moitié Lorraine, où le miracle ne vient pas d'en haut, mais tout naturellement d'en bas, ont été, de tout temps, fécondes en patriotes et en héros, depuis Jeanne d'Arc. Cet autre nom roturier de Fabert, né à Metz — la ville imprenable et qu'on avait surnommée aussi la *Pucelle* jusqu'à l'infâme Bazaine — vient de lui-même sous la plume, quand on songe à cette terre de Champagne-Lorraine : et combien d'autres après Fabert, moins illustres et encore méritants, le général Fabvier, Merlin de Thionville...

Le brave Fricasse ne mentait pas à son origine. Son père avait été maître-jardinier pendant trois ans chez les Bernardins de Clairvaux, dans cette abbaye devenue prison, célèbre en dernier lieu par la détention de Blanqui. Le jeune Fricasse y reçut des leçons d'un moine, le père Le Boulanger, qui voulait à toute force lui enseigner la géographie. Cette éducation laissa surtout, dans l'esprit du jeune jardinier, une empreinte religieuse, qui se retrouve dans un document fort curieux, publié tout à la fin de son journal. C'est une prière, dans le goût du temps, une invocation à l'Etre suprême, composée par Fricasse, et qui est fort belle, sauf deux ou trois tours de phrases, peut-être incorrects, qui échapperaient à la lecture, si on ne nous les faisait remarquer. Elle est intitulée *Prière d'un soldat républicain français.*

« Dieu de toute justice, être éternel et suprême souverain, arbitre de la destinée de tous les hommes, toi qui es l'auteur de tous biens et de toute justice, pourrais-tu rejeter la prière de l'homme vertueux qui ne te demande que justice et liberté ?

« Ah ! si notre cause est injuste, ne la défends pas. La prière de l'impie est un second péché, c'est t'outrager toi-même que de te demander ce qui n'est pas conforme à ta volonté sainte.

« Mais nous te demandons que la puissance dont tu nous as revêtus soit conforme à ta volonté. Prends sous ta protection sainte une nation généreuse qui ne combat que pour l'égalité. Ote à nos ennemis détestables la force criminelle de nous nuire ; brise les fers des despotes orgueilleux qui veulent nous les forger. Bénis le drapeau de l'union sous lequel nous voulons tous nous réunir pour obtenir notre indépendance. Bénis les généreux citoyens qui exposent leur vie et leur fortune pour défendre leur patrie. Bénis les mères respectables de ces vertueux enfants de la patrie qui te prient de leur accorder victoire. Ouvre les yeux de ceux qui sont égarés dans nos foyers afin qu'ils rentrent à la raison, pour jouir avec nous des précieux fruits de l'égalité et de la liberté, et chanter avec nous les cantiques et les louanges dédiés à l'Etre suprême.

« Nous adorons Dieu chacun à notre manière, sous la protection des lois et sous la surveillance de l'autorité constituée, et nous n'en sommes que meilleurs Républicains. »

Un soldat de la Révolution, un simple sergent, avait bien vite fait de résoudre en trois lignes tous ces problèmes de religion naturelle et de gallicanisme,

remis tant de fois en question depuis, et qui troublent
encore et divisent notre temps.

Le couvent, en plus d'un cas, servit alors de pré-
face au champ de bataille. Un des plus vaillants
hommes de guerre de la Révolution, Merlin de Thionville, que nous avons nommé plus haut, avait failli
devenir chartreux dans sa jeunesse. Son génie militaire se révéla au siège de Mayence, où il prenait
plaisir à pointer un canon, défendant la ville comme
frère Jean — ce frère Jean des Entommeures, dont
parle Rabelais, et qui montrait déjà un cœur de patriote et de citoyen sous sa bure plébéienne, — aurait
défendu son couvent. Le couvent, au temps de Merlin, s'était « agrandi et était devenu la France. »
Merlin de Thionville ne partageait pas les opinions
théologiques, auxquelles Robespierre avait donné
force de loi en décrétant l'existence de l'Etre suprême.
Cela ne se décrète pas, Messieurs. Dieu était tout simplement, pour notre intrépide canonnier, « le créateur
des étoiles fixes. » C'était le rejeter un peu loin et
jusque par delà les planètes.

Le sergent Fricasse ne cherche pas tant de malice
dans l'expression de sa foi ardente pour le triomphe
des armées de la République. Il le dit purement et
simplement : « J'espère que l'Etre suprême bénira nos
travaux pour le salut de toute la France. » C'est un
soldat qui remplit modestement et complètement son
devoir. « De 1792 à 1802, il fait campagne chaque
année : avec l'armée de Sambre-et-Meuse, il protège
nos places du Nord et fait son entrée à Bruxelles ;
avec l'armée de Rhin-et-Moselle, il pousse jusqu'à
Munich et accomplit cette retraite devenue fameuse
sous le nom de *retraite de Moreau ;* avec l'armée
d'Italie, il résiste dans Gênes jusqu'à la dernière

extrémité. Resté le neuvième d'une compagnie de
cent dix hommes détruits par la guerre, réduit par
une blessure à regagner son village, il n'a ni un mot
de plainte, ni un mouvement d'humeur ou d'ambition
déçue. Il reste fier d'avoir servi son pays avec honneur
et avec probité. »

Il y aurait beaucoup à glaner dans ce *Journal de
Fricasse*. Nous ne pouvons malheureusement, dans
une lecture à vol d'oiseau comme celle-ci, que prendre
çà et là ce qui nous paraît le plus propre à en donner
une idée noble et vraie. On y retrouve l'accent, la
couleur et même la phraséologie pompeuse mais sincère d'un temps où les choses répondaient aux mots.
« On employait volontiers les grands mots dont on
se moque aujourd'hui, dit très justement M. Larchey,
mais les actes aussi étaient grands, ce que les
moqueurs ne doivent pas non plus oublier. » Et c'est
une page de son auteur, magnifiquement commentée
et corroborée par une note du maréchal Soult, qui lui
dicte cette réflexion.

Comme il pensait, il écrivait, ce soldat-citoyen, ins-
piré par des convictions viriles, et qui pratiquait la
véritable *vertu*, un mot qu'on employait aussi beaucoup dans ce temps-là, comme les anciens, dans le
sens de *force morale* et de *courage*. Voici le style de
ce patriote et sincère républicain ; on ne plaisantait
pas alors :

« Tous ceux qui ont perdu la vie dans ce siège de
Charleroi n'ont donné, au milieu des douleurs les plus
aiguës, aucun signe de plaintes. Leurs visages étaient
calmes et sereins ; leur dernière parole était : *Vive la
République !* C'est au lit d'honneur qu'il faut voir nos
guerriers, pour apprendre la différence qui existe
entre les hommes libres et les esclaves. Les valets des

rois expirent en maudissant la cruelle ambition de
leurs maîtres. Le défenseur de la liberté bénit le coup
qui l'a frappé ; il sait que son sang ne coule que pour
la liberté, la gloire et pour le soutien de sa patrie. »

Et voici la citation du maréchal Soult qui commente
ce passage :

« Dans nos rangs, l'enthousiasme allait croissant avec le
danger ; depuis le commencement de l'action, et pendant
toute sa durée, le cri de ralliement de l'avant-garde fut
toujours : « Point de retraite aujourd'hui, point de retraite ! »
Aussi tout ce qui vint se heurter contre elle fut-il brisé.
Environnée de sanglants débris, son camp en flammes, la
plupart de ses canons démontés, ses caissons faisant explo-
sion à tout moment, des monceaux de cadavres comblant
les retranchements, les attaques les plus vives sans cesse
renouvelées, rien n'était capable de l'intimider, pas même
l'incendie de la campagne, qui nous environnait de toutes
parts. Les champs, couverts de blé en maturité, avaient été
enflammés par notre feu et par celui de l'ennemi ; on ne
savait où se placer pour l'éviter, mais nous étions bien
déterminés à ne sortir que victorieux de ce volcan. »

O soldats de l'an deux ! ô guerres ! épopées !

Le courage des chefs, ajoute M. Larchey, avait, sur
plus d'un point, seul pu maintenir les troupes, comme
le montre bien cet autre passage du maréchal Soult :

« Avant six heures du matin, les alliés avaient fait des
progrès, et les divisions des Ardennes repassaient la
Sambre, dans un complet désordre, aux ponts de Tamine
et Ternier, laissant leur général garder seul, avec ses officiers et quelques ordonnances, la position qu'elles venaient
de quitter. J'avais été envoyé par le général Lefebvre pour
m'assurer de l'état de notre droite, et pourvoir aux dispo-
sitions que les circonstances exigeaient. Je joignis Marceau

entre les bois de Lépinoy et le hameau de Boulet, au moment où les ennemis allaient l'entourer. Il les défiait, et, dans son désespoir, il voulait se faire tuer, pour effacer la honte de ses troupes. Je l'arrêtai : « Tu veux mourir, lui dis-je, et tes soldats se déshonorent ; va les chercher et reviens vaincre avec eux ! En attendant, nous garderons ta position à droite de Lambusart. — Oui, je t'entends, s'écria Marceau, c'est le chemin de l'honneur ! J'y cours ; avant peu je serai à vos côtés. » Deux heures après, il avait ramené les plus braves, et il prenait part à nos succès. »

Il est difficile de lire une telle page sans émotion.

On dit toujours : des héros *dignes de l'antiquité* ; la Révolution se suffisait à elle-même, elle n'avait pas même besoin de l'antiquité pour produire de tels hommes.

Voici un épisode dramatique et cornélien, raconté avec une simplicité telle qu'elle nous est un garant de la sincérité du récit : et elle n'est pas unique en son genre dans le *Journal de Fricasse*. Ces petits faits de guerre, que n'enregistre pas toujours la grande histoire, la coudoient et nous éclairent bien mieux sur la partie morale d'une époque, sur ces années de sévère stoïcisme.

« Le 5 octobre (1793), à la redoute de gauche, entre le bois du Tilleul et nos avant-postes (pendant le blocus de Maubeuge, où les armées républicaines étaient cernées par Cobourg), une sentinelle française et une sentinelle hollandaise étaient à soixante pas l'une de l'autre, ce qui leur donnait facilité de converser. Quatre soldats de mon poste se sont avancés ; les Hollandais, qui étaient dans le bois du Tilleul, ont été portés par la curiosité à se mêler de la conversation. Cependant un Français reconnaît, parmi les Hollandais, son frère, qui était le plus empressé à demander comment nous étions, ce que nous pensions, et si les vivres ne nous manquaient pas.

« *Réponse* : « Il ne manque rien aux républicains. »

« Par dérision, ils répliquaient que nous mangions déjà nos chevaux, et que, avec notre papier, nos assignats, il fallait mourir de faim. Ils ajoutaient qu'ils nous tenaient dans leurs filets, qu'ils nous feraient danser une dernière fois *la carmagnole*. Celui-là disait que, quoique Français, il prendrait plaisir à nous voir arracher la langue.

« Un volontaire lui dit : « Camarade, vous ne paraissez « pas Hollandais, et sans doute il n'y a pas longtemps que « vous êtes sorti de France. Vous paraissez bien sangui- « naire pour une patrie qui renferme vos parents, mais « que vous ne devez pas espérer revoir, car la loi pronon- « çant votre arrêt de mort ferait tomber votre tête. Voilà « ce qui est réservé aux coquins de votre espèce. »

« Son frère, qui l'avait reconnu, interrompit la conver- sation en disant : « Laissez-moi voir ce coquin ! c'était autrefois mon frère. »

« L'autre dit : « Si j'ai été ton frère, je le suis encore. »

« Le volontaire dit que non, qu'il s'en était rendu indigne. « Tu sais, malheureux, ajouta-t-il, que je suis « parti volontairement. Qu'il te souvienne de la promesse « faite ! Tu me promis d'avoir soin de notre mère, mais tu « as faussé ton serment, tu l'as laissée sans subsistance « et dans le chagrin ; tu es indigne de vivre, tu n'es pas « un humain, mais un vrai barbare. »

« (Il faut remarquer que ce soldat généreux faisait part à sa mère de la moitié de sa paye).

« Les Hollandais, qui entendaient un peu le français, ne manquèrent pas de le blâmer, et le lâche se retira. Son frère arme son fusil, tire et l'attrape à la cuisse. Il se relève et s'enfonce dans le bois. »

On dirait un tableau d'Erckmann-Chatrian. — Nous trouvons, quelques pages plus loin, un pendant à *Madame Thérèse*, « une infortunée délaissée de son mari qui avait émigré, et n'ayant pas de quoi subsister était, sous des habits d'homme, avec son frère, à son rang de compagnie. La compagnie étant dispersée en tirailleurs, les tirailleurs ennemis, qui avaient eu un moment un peu d'avantage, sont venus charger les nôtres, dans la mêlée : elle s'est trouvée avec peu de monde environnée d'un grand nombre d'Autrichiens. Elle s'en est tirée en brûlant la cervelle de celui qui la tenait, ne cessant de dire que jamais elle ne se rendrait, que sa vie était sacrifiée à sa patrie. Ces tyrans lui promettaient d'avoir égard à son sexe et de ne la prendre que comme prisonnière... »

Jeanne d'Arc, abandonnée par Flavy, qui lui avait coupé la retraite, fut moins heureuse sous les murs de Compiègne.

La Révolution, comme on voit, avait aussi ses héroïnes, et nous tenons encore que les femmes feraient d'admirables régiments organisés. Nous ne contestons même pas le mérite des femmes sur le champ de bataille.

Ailleurs, nous voyons de « braves républicains, couverts de blessures, rassembler toutes leurs forces au moment où ils allaient exhaler le dernier soupir, s'élancer pour baiser cette cocarde, gage sacré de notre liberté conquise ; je les ai entendus, ajoute Fricasse, adresser au ciel des vœux ardents pour le triomphe des armées de la République. »

En ce temps-là, la foi sauvait l'âme et la patrie avec ; mais on aidait au ciel à vaincre, car le ciel, tout seul, n'eût pas exaucé nos vœux.

« Cailac, un de nos capitaines, eut la jambe fracassée par un boulet, et mourut au bout de trois semaines, disant : « Ma vie n'est rien ; je la donnerais mille fois pour que la République triomphe. »

« Atteint au ventre d'un éclat d'obus, un grenadier
du bataillon dit à ceux qui voulaient lui porter secours :
« Laissez-moi, mes amis, laissez-moi mourir ! Je suis
content, j'ai servi ma patrie. » Et il expire.

Ce n'est pas que le sergent Fricasse aime la guerre
pour la guerre : il se souvient en plus d'un endroit
d'avoir été jardinier. L'agriculteur reparaît dans ces
lignes, où il compare l'ennemi « à une grêle qui ne
laisse rien dans les campagnes où elle passe. »

« Dans ces contrées si fertiles, dit-il (parlant des fron-
tières du Hainaut), les habitants vivaient tranquilles ; leurs
terres produisaient de bon froment, toute sorte de grains,
de fruits et de légumes... (Après la guerre), la plupart
n'avaient plus d'habitation (et encore combien avaient perdu
la vie !)

Et ailleurs :

« (18 octobre 1793)... Nous nous sommes rendus à Haut-
mont, village à gauche de Maubeuge, tout en désastre. On
était après la moisson ; l'ennemi s'est servi des grains pour
faire des baraques et donner à manger aux chevaux. C'était
la plus grande désolation. Les habitations des cultivateurs
dévastées et même en grande partie brûlées. Voyez un peu
ce qu'est la guerre. Malheur au pays où elle est posée ! Les
habitants n'y peuvent qu'être malheureux. »

Voici un spectacle qui n'est pas encore bien loin de
nous, et que nous n'avons pas envie de revoir à nos
portes :

« (17 fructidor, 3 septembre 1795). Nous étions campés
dans la plaine de Munich, près les parcs du duc de Bavière.
Je peux dire que ces parcs étaient superbes et grands, entou-
rés de planches très hautes et renfermant toute sorte de bêtes
sauvages et d'oiseaux. C'était si bien construit que c'était

vraiment amusant ; mais la guerre détruit tout ; on a enlevé les planches pour se construire des abris dans le camp ; de suite on s'est mis à donner la chasse aux bêtes, comme lapins, lièvres, chevreuils, biches, cerfs ; les oiseaux ne s'en sont pas échappés ; tout cela se prenait à la main, avec des bâtons. »

Avouez, Messieurs, qu'on nous l'a bien rendu depuis.

Telles sont les tristes et affreuses nécessités de la guerre, et celles de la vie des camps qu'il faut aussi oser connaître et envisager en face :

« Quoique nous n'ayions pas été longtemps bloqués, je dirai que nous sentions déjà notre misère, les vivres nous étaient retranchés (rationnés) ; la rivière passait au bas de notre camp, mais l'ennemi nous avait coupé l'eau ; nous étions obligés de la prendre dans les fossés des retranchements... La pluie, qui tombait continuellement, faisait de tout cela un mélange. Aussi plusieurs de nous y avaient gagné le flux de sang. »

La paix aussi a ses conséquences inévitables de dénûment et de famine, quand elle n'est pas suivie d'un ravitaillement immédiat. A la date du 18 floréal an III (7 mai 1795), la paix était faite depuis plus d'un mois avec la Prusse, par le traité de Bâle, qui nous cédait toutes les possessions rhénanes de la rive gauche, « ce qui a donné bien du contentement à toute la troupe de voir que leur ouvrage commençait à se produire. » C'est le cri de cœur de Fricasse. On avait planté l'arbre de la liberté, et il commençait à fructifier ; mais « la misère augmentait tous les jours pour les défenseurs de la patrie. » On était alors près de Coblentz, cette ville maudite, repaire de l'armée de Condé, rendez-vous des émigrés qui y conspiraient et marchaient de concert avec les Prussiens contre la France. Ce sont de ces souvenirs qui s'oublient. On ne saurait assez les flétrir dans l'histoire. Les soldats français, entrés le 17 germinal an III (6 avril 1795, au lendemain de la paix) avaient trouvé les maisons des émigrés toutes dévastées : « A peine avions-nous de la paille pour reposer nos pauvres membres tout *navrés* de fatigue... »

Je relève en passant, dans le *Journal de Fricasse* cette expression : *Navrés* de fatigue. Un littérateur de profession ne trouverait pas mieux, et peut-être ne voudrait-il pas s'en servir. Pour moi, elle me confirme dans cette opinion, que m'ont donnée d'autres passages de ce journal, nonobstant les incorrections inévitables, qu'on ne prend jamais la peine de noircir du papier, ne fût-ce que pour soi, sans avoir un peu la vocation littéraire. Fricasse trouve l'expression sans la chercher, et dans d'autres pages il se révélerait un écrivain descriptif et très-pittoresquement imagé, si nous avions le temps de les relever toutes. Mais c'était là le moindre de ses soucis au camp de la Chartreuse, près de Coblentz :

« C'est dans ce camp, dit-il, que nous avons encore fait pénitence... Nous avons été réduits à douze onces de pain par jour, et bien des fois on ne pouvait pas en avoir. Il fallait cependant faire son service, bivouaquer et monter la garde très-souvent. Mais le printemps nous produisait des plantes pour un peu nous soutenir, qui étaient des feuilles de pois sortant à peine de terre, des coquelicots ou *feu d'enfer*, du sarrasin, des pissenlits. Avec tous ces herbages, nous en faisions une farce que nous mangions en guise de pain ; et lorsque le seigle est venu en grains, on allait lui couper la tête et on le faisait griller sur le feu. Les pommes à peine défleuries nous servaient aussi de nourriture. »

Viennent ensuite des scènes de maraude, qui ne trompaient pas la faim :

« C'était vraiment une grande misère, on voyait plusieurs soldats cachés derrière des haies, attendant que le laboureur qui plantait des pommes de terre fendues en quatre pour en récolter pour l'hiver prochain, fût parti de son champ. Aussitôt les soldats affamés parcouraient le champ, cherchant dans la terre les petits morceaux de pommes de terre, et revenaient au camp avec leur petite proie, et les faisaient cuire.

« Huit ou dix jours après, on reparcourait les champs, les morceaux de pommes de terre qui avaient échappé à la première recherche commençaient à sortir de terre ; on les enlevait avec beaucoup de contentement de se voir quelques petits morceaux de pommes de terre pour se sauver la vie...»

Fricasse a conscience de ce qu'il écrit, car il ajoute :

« Après une misère pareille et des maux si longs et si pénibles, quelques-uns diront : « Les soldats ne sont que « des voleurs. Voyez comme ils allaient dévaster les tra- « vaux des pauvres laboureurs ! » Nous sentions bien la perte que nous causions, mais lequel pouvait on préférer dans un pareil cas, de mourir ? Non, mais, je crois, de vivre et d'être utile ! »

Le maréchal Soult, qui était alors colonel dans la division où Fricasse servait comme sergent, confirme tous ces détails et les relève par une pointe de gaîté ; mais il accuse très nettement le traître Pichegru d'être l'auteur de tous ces maux. Suivant Soult, Pichegru avait laissé ses troupes à l'abandon, négligées et en proie à toutes sortes de privations pour mieux favoriser l'exécution du plan de trahison le plus odieux. « Il espérait ainsi désorganiser l'armée. »

Il ne se trompait donc pas, le brave sergent, quand

il protestait au nom de la discipline contre toute accusation de dévastation et de pillage, par laquelle on essayait de discréditer dans l'opinion nos soldats de l'an II :

« L'armée de Sambre-et-Meuse passait alors pour être si peu disciplinée, parmi les Français, que l'on croyait que les généraux n'osaient livrer aucun combat faute de discipline et de subordination. Le tout venait de la part des ennemis de la liberté, qui cherchaient à mettre le désordre parmi nos troupes, en faisant naître l'idée que le droit de la guerre était de piller en tout pays conquis. Mais le Français a su se comporter plus vaillamment, car c'est la discipline qui a fait tous nos succès, et qui a excité l'admiration de toute l'Europe. Voilà pourquoi les ennemis de la République voulaient nous entraîner au pillage ; les perfides savaient bien qu'une armée sans discipline est une armée vaincue ; ils savaient par eux-mêmes que des brigands ne sont jamais qu'une troupe de lâches... »

C'est la note dominante, celle qui chante et résonne le plus dans les pages de ce journal. Mais nous savons aussi que la bonne humeur est une des qualités instinctives du soldat, et nous ne résistons pas à en emprunter un échantillon au maréchal Soult, témoin autorisé des faits dont le sergent Fricasse a été jusqu'ici l'obscur et véridique consignataire :

« L'armée n'avait d'autre ressource pour vivre que les pommes de terre que l'on trouvait dans les champs. A chaque halte, à peine les faisceaux étaient-ils formés, que les soldats se dispersaient dans les environs pour aller déterrer les pommes de terre. Un champ était bientôt récolté, et le repas était bientôt préparé au feu du bivouac. Le silence durait tant que durait cette importante occupation ; mais elle ne durait pas longtemps et les provisions étaient épuisées avant que la faim fût apaisée. L'inépuisable gaîté du soldat français revenait alors. Ne doutant de rien, parlant de tout, lançant des saillies originales et souvent même instructives, tel est le soldat français. Un soir, on parlait politique et des nouvelles de Paris ; le propos était tombé sur les grands hommes qu'on avait fait entrer au Panthéon ou qu'on en avait successivement fait sortir, suivant l'esprit du jour et l'influence du parti régnant. « Qui va-t-on y mettre « aujourd'hui ? demanda quelqu'un. — Parbleu ! répondit « son voisin, une pomme de terre. » — Et tout le monde d'applaudir à cette saillie, qui avait plus de portée que l'intention de son auteur n'avait probablement voulu lui donner. »

## IV

C'est la nécessité qui engendra les armées de la Révolution : il est impossible de contester ce miracle, constant dans notre pays, toutes les fois que l'élément militaire n'a pas désespéré de l'élément civil. Les deux efforts se confondirent et se mêlèrent, du mieux que le pouvaient des éléments aussi incompatibles, à cet appel désespéré de la patrie. La Convention, « en son style figuré et d'une rhétorique sublime, puisque chacun y mettait sa tête pour garant des paroles, répondait à ses généraux et à ses représentants (qui demandaient des secours) : « Vous demandez du lait à une mère épuisée ! N'attendez rien que de vous-mêmes. Votre courage nous paraît une barrière suffisante ; montrez-vous fiers de cet abandon, et que cette fierté soit votre salut ! »

C'était laisser peser une terrible responsabilité sur chacun d'eux. Des représentants du peuple ayant voix délibérative et toute puissante dans les Conseils de

guerre, tenus sur le champ de bataille, et prenant part
à la lutte à main armée, assistant à la brèche et à la
tranchée et se faisant tuer à côté des chefs, comme ce
Fabre (de l'Hérault), à l'armée des Pyrénées, qui expia
glorieusement par sa mort les tracasseries qu'il avait
fait subir au brave général Dagobert, tel est le spectacle que nous offre la Révolution. Les généraux sup-
portaient mal cette tutelle qui mettait la défiance à
l'ordre du jour et flairait partout la trahison. L'anta-
gonisme était inévitable entre les deux pouvoirs civil
et militaire. Les représentants apportaient cette conviction que le patriotisme suffirait à tout. Leur inexpérience était flagrante; mais, dans leur sainte
ignorance de l'art de la guerre, ils ne doutaient de rien.
Ils différaient en cela des généraux, auxquels le maréchal Soult ne fait pas la part plus belle, quand il
dit :

« Les Français payèrent leurs essais par des défaites et
subirent les effets inévitables de l'inexpérience de leurs
généraux, de l'indiscipline des troupes, des vices de leur
organisation, de l'imprévoyance ou de la cupidité de l'admi-
nistration, et de l'influence souvent malheureuse des représentants sur les armées... »

Tous les représentants, il est vrai, n'avaient pas le
génie de Carnot à Wattignies, qui forçait Jourdan à
gagner la bataille. Carnot, lui-même, était, du reste,
un soldat, et l'exemple pourrait être mal choisi : mais
tous les chefs militaires, non plus, n'avaient pas ce coup
d'œil sûr et soudain, si nécessaire à la guerre, qui lui
faisait mettre, à première vue, le doigt sur le point
stratégique.
Dans l'ordre purement civil, nous pourrions citer
Jean-Bon Saint-André, arraché à sa chaire de pasteur

protestant par la Révolution, et qui se souvint si heureusement d'avoir été marin, le jour où il força l'amiral Villaret-Joyeuse à livrer bataille aux Anglais dans la fameuse affaire où sombra le vaisseau *le Vengeur*. Cette journée du 1er juin 1794, « à jamais illustre dans les fastes de la Révolution, » a été appréciée ainsi par un écrivain qui a reconstitué la vaillante figure de Jean-Bon et qu'on ne prend pas, je le répète, en flagrant délit de jacobinisme. Sainte-Beuve rend pleine et éclatante justice à notre orgueil national en la personne du représentant Jean-Bon Saint-André :

« ...Les Anglais vainqueurs, dit-il, reconnurent qu'ils avaient rencontré sur cet élément des adversaires et une nation. Ce qui importait le plus ce jour-là, c'était moins encore le gain ou la perte de la bataille que l'énergie constatée de la lutte et de la résistance. De notre côté, l'enthousiasme patriotique se sentit rehaussé comme après une victoire... Jean-Bon Saint-André, quels que soient les reproches de conduite ou de tactique qu'on lui peut faire ainsi qu'à l'amiral, eut l'honneur de rester durant le combat sur le pont du vaisseau *la Montagne*, exposé à tous les feux, et il fut même légèrement blessé à la main.

« Il a (c'est toujours Sainte-Beuve qui parle) ce que bien peu obtiendront, il a par là sa journée marquée dans l'histoire ; il a sa place parmi ces représentants plus généreux qu'expérimentés, prodigues d'eux-mêmes et des autres, qui durent tout improviser, tout organiser, et la victoire et jusqu'à la défaite, cette fois glorieuse ; dont les uns moururent en chargeant l'ennemi, comme Fabre ; dont les autres, comme Merlin de Thionville, figurent en artilleurs sur la brèche dans des défenses mémorables. Lui aussi il apparaît à son poste dans l'histoire, debout sur le tillac balayé de feux, et lançant la foudre, du vaisseau *la Montagne*. »

Il y aurait bien d'autres figures à mettre en relief,

parmi ces représentants oubliés et dédaignés, hommes de devoir qui firent bonne contenance devant l'ennemi, et rentrèrent obscurément dans la vie privée, tout chargés d'un passé sacrifié à la patrie, comme celui dont Victor Hugo a immortalisé le type dans *les Misérables*.

Ces hommes de la Révolution, pris en bloc, ont mérité qu'on dît d'eux tous ce qu'on a dit un jour pour sauver la tête de Carnot pendant la réaction thermidorienne et antijacobine : ils furent tous les *organisateurs de la victoire*. Benjamin Constant, qui n'aimait pourtant pas les hommes et les choses de la Révolution, les a amnistiés d'un mot célèbre, qui doit à plus forte raison leur faire trouver grâce à nos yeux : « Rien ne peut effacer cette vérité historique, que la Convention a trouvé l'ennemi à trente lieues de Paris, et qu'on a dû à ses prodigieux efforts de conclure la paix à trente lieues de Vienne. »

## V

Cela dit, nous n'en sommes que plus à l'aise pour parler de Saint-Just, qui est presque un compatriote pour nous, puisque Blérancourt était son pays d'adoption. — Nous trouvons à son sujet deux anecdotes caractéristiques dans les Mémoires du maréchal Soult, cités par M. Larchey. — Ces noms de Saint-Just et de Robespierre, avec leur système d'extermination, ont fait trop de tort à la Révolution, pour que nous cherchions des circonstances atténuantes à des faits purement atroces. En voici un d'abord qui n'est que nuisible :

« Il faut, dit Soult, admirer la docilité des troupes, qu'aucun revers ne put abattre, et déplorer que, soumises à la tyrannique autorité des représentants, elles n'aient point eu à leur tête des chefs dignes de les diriger. Depuis quinze jours, les corps qui étaient sur la Sambre avaient perdu plus de 15 mille hommes et la moitié de leur matériel ; les soldats manquaient de vivres et avaient le plus grand besoin de repos. Les généraux en firent la demande à Saint-Just ; dans le Conseil, Kléber fit observer qu'on allait voir arriver, avant dix jours, l'armée de la Moselle, et qu'il n'y avait qu'à l'attendre, en s'occupant de réparer les pertes de l'armée, pour reprendre alors les opérations avec d'autant plus de vigueur. Mais l'implacable Saint-Just ne voulut rien accorder, à peine daigna-t-il répondre : *Il faut demain une victoire à la République. Choisissez entre un siège ou une bataille.* Il fallait choisir, on marcha, le 26 mai, sur Charleroi (1794).

« Malgré les succès qu'il venait de remporter, le prince de Kaunitz avait été remplacé par le prince d'Orange dans le commandement. Les troupes alliées étaient sur la Sambre, pour en défendre le passage ; elles occupaient en outre, au-dessus de Marchiennes-au-Pont, le camp retranché de la Tombe, qui couvrait Charleroi. Kléber et Marceau étaient chargés de l'attaquer, et le général Fromentin d'emporter le pont de Lernes. Ces deux attaques manquèrent par l'excessive fatigue des troupes, qui montrèrent de l'hésitation et restèrent exposées au feu le plus vif, plutôt que d'avancer... »

Ce nom de Saint-Just appelle toujours l'épithète d'*implacable*. Faut-il lui en faire un si grand mérite ? Le rire même de Kléber, ce rire ivresse des soldats, retentissant comme une fanfare ou un coup de clairon,

et noté par Victor Hugo dans ces magnifiques vers
des *Châtiments*,

> La Marseillaise ailée et volant dans les balles,
> Les tambours, les obus, les bombes, les cymbales,
> Et ton rire, ô Kléber !

n'a pas le pouvoir de désarmer Saint-Just. « Ce jeune
homme blond, à la coiffure soignée, si plein de respect
pour lui-même, et qui portait, a-t-on dit, sa tête
comme un Saint-Sacrement, » reste froid et impas-
sible : il ne se laisse pas gagner par la confiance de
Kléber. La jeunesse n'excuse pas tout : comment
était-il donc trempé ? il se signale par une férocité
impitoyable à ce siège de Charleroi, tour à tour pris
et repris. On était alors en messidor an II (juin 1794),
c'est-à-dire au mois qui devait précéder celui du 9 thermidor. Soult raconte encore ce triste épisode du siège
de Charleroi :

« Le colonel Marescot dirigeait les opérations du génie,
sous les yeux des généraux Jourdan et Hatry ; on avait un
équipage d'artillerie suffisant, et les représentants Saint-
Just et Lebas se tenaient au pied de la tranchée pour
presser les travaux. Un jour, ils visitaient l'emplacement
d'une batterie que l'on venait de tracer : « A quelle heure
sera-t-elle finie ? » demanda Saint-Just au capitaine chargé
de la faire exécuter. — Cela dépend du nombre d'ouvriers
qu'on me donnera, mais on y travaillera sans relâche,
répond l'officier. — Si demain, à six heures, elle n'est pas
en état de faire feu, ta tête tombera... » Dans ce court délai,
il était impossible que l'ouvrage fût terminé ; on y mit
cependant autant d'hommes que l'espace pouvait en contenir.
Il n'était pas entièrement fini, lorsque l'heure fatale sonna :
Saint-Just tint son horrible promesse : le capitaine d'artillerie fut immédiatement arrêté et envoyé à la mort, car
l'échafaud marchait à la suite des féroces représentants. Si

nous n'avions pas remporté la victoire, la plupart de nos
chefs auraient subi le même sort. Nous apprîmes plus tard
que Saint-Just avait porté sur une liste de proscription
plusieurs généraux de l'armée, et qu'il m'y avait compris,
quoique je ne fusse encore que colonel. — Jourdan devait
être sacrifié le premier ; il avait remplacé Hoche dans le
commandement, et il avait, comme lui, encouru la haine du
représentant par la courageuse résistance qu'il opposait à
ses volontés, lorsque la présomptueuse ignorance de Saint-
Just prétendait diriger les opérations militaires. »

Décidément le 9 thermidor fut une délivrance ;
mais Robespierre et Saint-Just avaient tellement
incarné la Révolution en eux qu'elle se trouva com-
promise au lendemain de leur chute, et passa peu à
peu aux mains d'un autre pouvoir personnel qui lui
donna le dernier coup, celui de Napoléon.
Hoche a été l'une des plus grandes figures militaires
de la France. Son crime, aux yeux de Saint-Just, fut
d'être préféré à Pichegru pour le commandement en
chef de l'armée de Rhin-et-Moselle. Saint-Just proté-
geait Pichegru, âme basse et jalouse, dont Hoche, dans
sa prison à la Conciergerie, a tracé, pour sa défense,
un portrait que Pichegru, depuis, « s'est chargé de
rendre fidèle. » Hoche dénonçait déjà le vrai traître
en Pichegru. Un matin que Hoche achevait de rédiger
sa défense, et y faisait en marge quelques corrections,
il entendit, raconte M. Claude Desprez, son biographe,
un grand bruit dans les couloirs de la Conciergerie :
« c'étaient des cris et des menaces confuses. Hoche se
levait enfin pour aller chercher des nouvelles et ou-
vrait la porte de sa chambre, quand il se vit en face
d'un homme que conduisaient les guichetiers et que
suivait la foule des détenus, en le couvrant de huées.
Hoche ne le reconnut pas d'abord, mais le regardant

de nouveau : Saint-Just ! s'écria-t-il, et sans rien ajouter il passa. » — C'était le 9 thermidor, mais ce n'était pas la fin des proscriptions et des massacres. Nous les avons vus tant de fois renaître et recommencer depuis, que nous pouvons considérer que nous vivons vraiment dans une époque fort originale qui a inauguré l'ère d'apaisement et d'oubli. N'en ayons aucun regret : l'amnistie sera tout à l'honneur de la civilisation et de notre temps devant l'histoire : la liberté ne datera que de nos jours.

Un brave homme de roi, un roi débonnaire, Louis-Philippe, cherchait toujours des circonstances atténuantes aux arrêts de mort dont il ne pouvait empêcher l'exécution. Il avait, comme M. Grévy, la plus grande répugnance à laisser tomber une tête, et cela fait honneur à ces esprits mûris et philosophiques.

Un grand esprit, dont on trouvera peut-être que nous abusons un peu, frappé des réhabilitations que des écrivains fort respectables ont tentées de nos jours, et en particulier de Saint-Just, a cherché lui aussi à plusieurs reprises les circonstances atténuantes ; et, dans sa recherche inquiète des lois physiologiques qui président aux révolutions, il a écrit parlant de Saint-Just :

« Agé de 25 ans moins un mois, que peut-on conclure de sa vie et de sa mort ensanglantées ? C'est que les révolutions, à tant d'égards fatales, le sont particulièrement en ce qu'elles soumettent à la plus redoutable épreuve des âmes qui, dans un ordre plus régulier, parviendraient à franchir d'une manière moins funeste pour le monde et pour elles-mêmes les détroits orageux de la jeunesse. Ces organisations, composées d'éléments douteux et sombres, échapperaient du moins à cette première fièvre violente de fanatisme, qui les altère à jamais et les dénature. Elles arriveraient à la maturité peut-être, et là, se surmontant à force de travail par des motifs d'intérêt personnel plus puissants et mieux compris, elles deviendraient utilement applicables à la société, qu'elles bouleversent autrement et qu'elles désho- norent... »

Nous n'avons pas tout dit sur Saint-Just, et nous de- mandons la permission d'ajouter encore, avant de finir, une anecdote qui nous ramène à l'armée du Nord. (Elle nous arrête même un instant à Compiègne.) — Nous l'empruntons, comme la page qui précède, à notre auteur favori, à Sainte-Beuve, qui la raconte dans ses articles sur Biot, le savant membre de l'Ins- titut, mort en 1862, âgé de 88 ans (il était né en 1774) :

« M. Biot, à dix-neuf ans, soldat et canonnier, revenait de la bataille de Hondschoote : fort malade, ayant un com- mencement de plique, il ne pouvait se traîner. Il résolut pourtant de traverser le nord de la France avec un billet d'hôpital, sans passe-port, pour revenir au moins mourir chez sa mère. Entre Ham et Noyon, sur la grande route, se traînant comme il pouvait, appuyé sur son sabre, il entend venir une voiture : « Si c'est une charrette, se disait-il, je monterai dessus. » C'était un cabriolet : un jeune homme élégant était dedans, qui lui dit : « Mais, mon camarade, où allez-vous ? vous ne pouvez vous traîner ? » M. Biot lui dit ce qu'il était et sa résolution. Le jeune homme lui offre une place dans son cabriolet; M. Biot accepte, et l'on cause... « Comment êtes-vous aux armées ? Quel est l'esprit de l'armée en face de l'ennemi ? » — « Ils parlent allemand, et nous français ; ils nous tirent des coups de fusil, et nous leur répondons par des coups de canon. On nous envoie un journal, le Jacobin, que nous brûlons régulièrement tous les matins. » — « Mais vous avez donc reçu de l'éduca- tion ? » — « Mais oui. » — « Où avez-vous fait vos études ? » — « A Louis-le-Grand. » — « Et moi aussi. » Et là-des- sus de causer des professeurs. Arrivés à Noyon, le jeune homme conduit M. Biot dans sa famille, très aimable, et l'y installe ; celui-ci couche dans un bon lit pour la première fois depuis des mois. Puis le lendemain, son bienveillant introducteur et guide lui offre une place pour Paris. M. Biot accepte encore. A chaque relais venaient des gendarmes pour demander des papiers, un simple mot du jeune homme les satisfaisait et l'on passait. A Compiègne, on fut retardé pourtant ; le Comité révolutionnaire, sachant qu'il y avait un militaire dans la voiture, exigea qu'il comparût. On descendit M. Biot de voiture, et on l'aida à monter, en lui donnant le bras, dans la salle du Comité. Mais là le jeune homme s'emporta contre le Comité, qui employait de tels procédés contre un soldat de la République ; il les traita comme des misérables, et ils le reconduisirent avec excuses, très humblement. Arrivé à Paris, déposé à la porte de sa mère, M. Biot demande au jeune homme de savoir le nom de celui à qui il a tant d'obligations. — Il lui fut répondu : *Saint-Just*, — avec l'adresse à un certain hôtel. Après un mois et plus de maladie, lorsque le convalescent put aller à l'adresse indiquée, Saint-Just n'y était plus, et M. Biot ne l'a jamais revu depuis. »

Sainte-Beuve, qui a pour ainsi dire photographié ce récit sur la bouche de M. Biot, et l'a noté d'après lui en lui en faisant reconnaître et ratifier les termes, ajoute :

« Lorsqu'on demandait à M. Biot pourquoi il n'avait jamais écrit lui-même cette particularité curieuse, il répondait que, pour cela, il n'était point assez sûr d'avoir eu affaire à Saint-Just en personne, au terrible Saint-Just, qui aurait joué envers lui ce rôle de bienfaiteur inconnu. L'esprit exact de M. Biot se faisait des objections : Saint-Just ne paraît point avoir été, même une seule année, au collège Louis-le-Grand, et le jeune homme du cabriolet en parlait très pertinemment et comme très au fait de la maison. Cependant, à la date du retour en France de M. Biot, Saint-

Just était effectivement en mission dans le Nord, et il a bien pu se rencontrer en route avec le jeune soldat, plus ou moins déserteur pour cause de maladie. De plus, il a pu se dire ancien élève de Louis-le-Grand pour mieux gagner sa confiance. Sans avoir été lui-même à Louis-le-Grand, il avait eu peut-être dans les élèves quelque ami particulier qui l'avait tenu au courant. Quoi qu'il en soit, il est difficile de supposer qu'un autre que Saint-Just ait exercé cette autorité durant le voyage et ait usurpé son nom au dernier moment. Pourquoi ne pas admettre que Saint-Just fut humain ce jour-là ? Il y a des heures pour tout. »

Et une fois n'est pas coutume.

Il est dit, dans la Bible, que Dieu ne jugea pas David digne de lui élever un temple, parce que ses mains étaient souillées de sang. Le Seigneur réserva cet honneur au sage roi Salomon, fils de David, homme de paix et de justice, toujours selon le saint Livre. L'Ecriture nous donne ici une leçon de sagesse et d'épicuréisme par la bouche divine. Si nous étions du Conseil municipal de Paris, nous nous en serions souvenu le jour qu'on a placé un buste de Saint-Just dans la salle de ses séances. Ce buste pouvait avoir sa place ailleurs, dans un musée historique ou dans un musée de la Révolution, qui reste encore à faire ; mais dans un Conseil, sans cesse en lutte avec le pouvoir central, le buste de Saint-Just me rappelle le jacobin Delescluze, égaré en pleine Commune de 1871 et se faisant tuer pour elle. Il y a de ces illogismes inévitables à ce qu'il paraît, à moins qu'on n'ait voulu glorifier l'ancienne Commune de Paris. Mais là encore nous dirions avec le poète :

« 93 est un triste asticot. » C'est Victor Hugo qui s'exprime ainsi dans une lettre prophétique de 1832. « Parlons un peu moins de Robespierre et un peu plus de Washington... La République proclamée par la France en Europe, ce sera la couronne de nos cheveux blancs... »

Oh ! pour cela, nous en sommes, et nous l'appelons même de tous nos vœux : la fin des guerres et les Etats-Unis d'Europe.

Désirons-le toujours quand même nous ne le verrions pas.

FIN

Compiègne. — Imp. A. Mennecier et Cie, rue des Petites-Ecuries, 17.